BATH
time

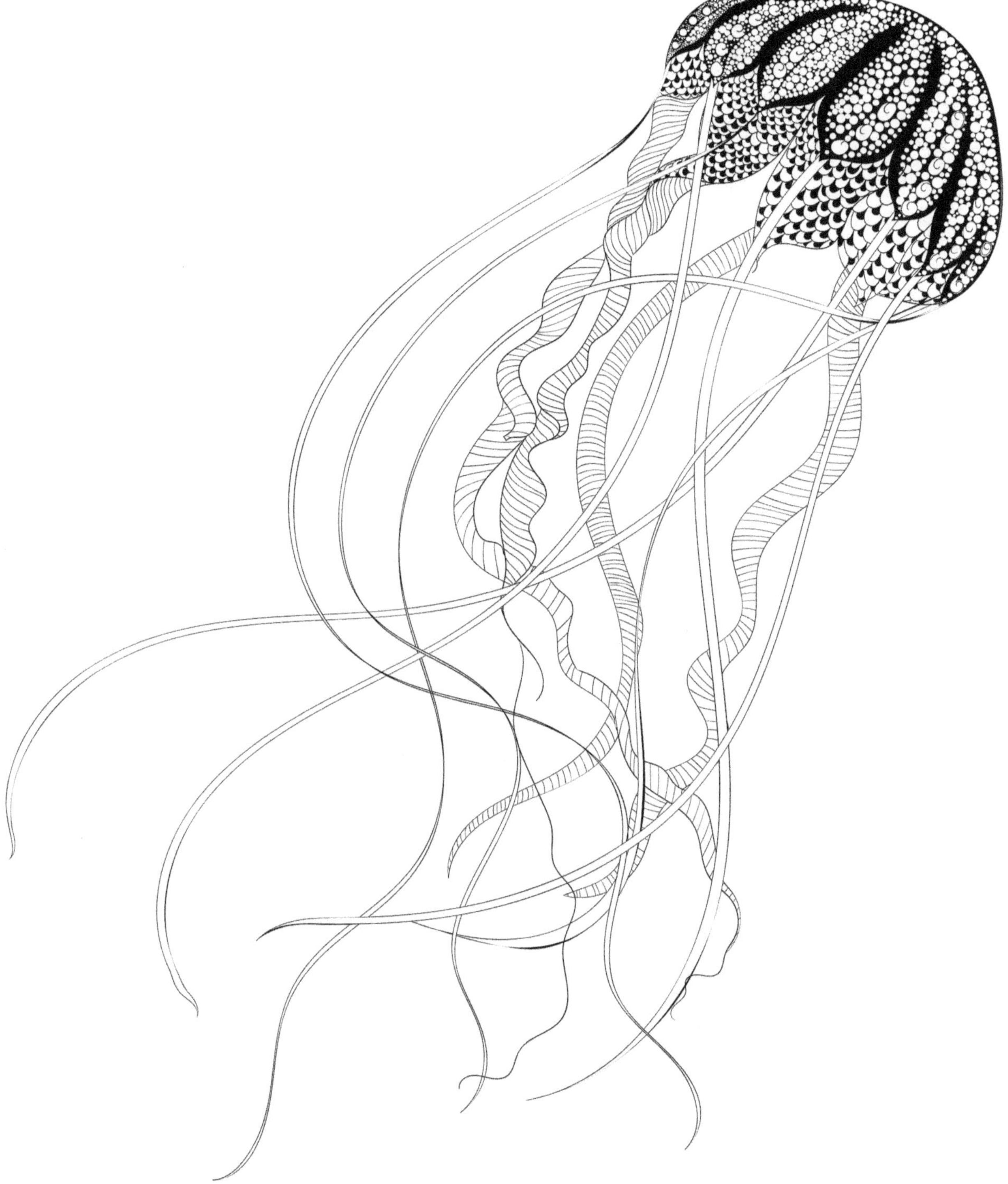

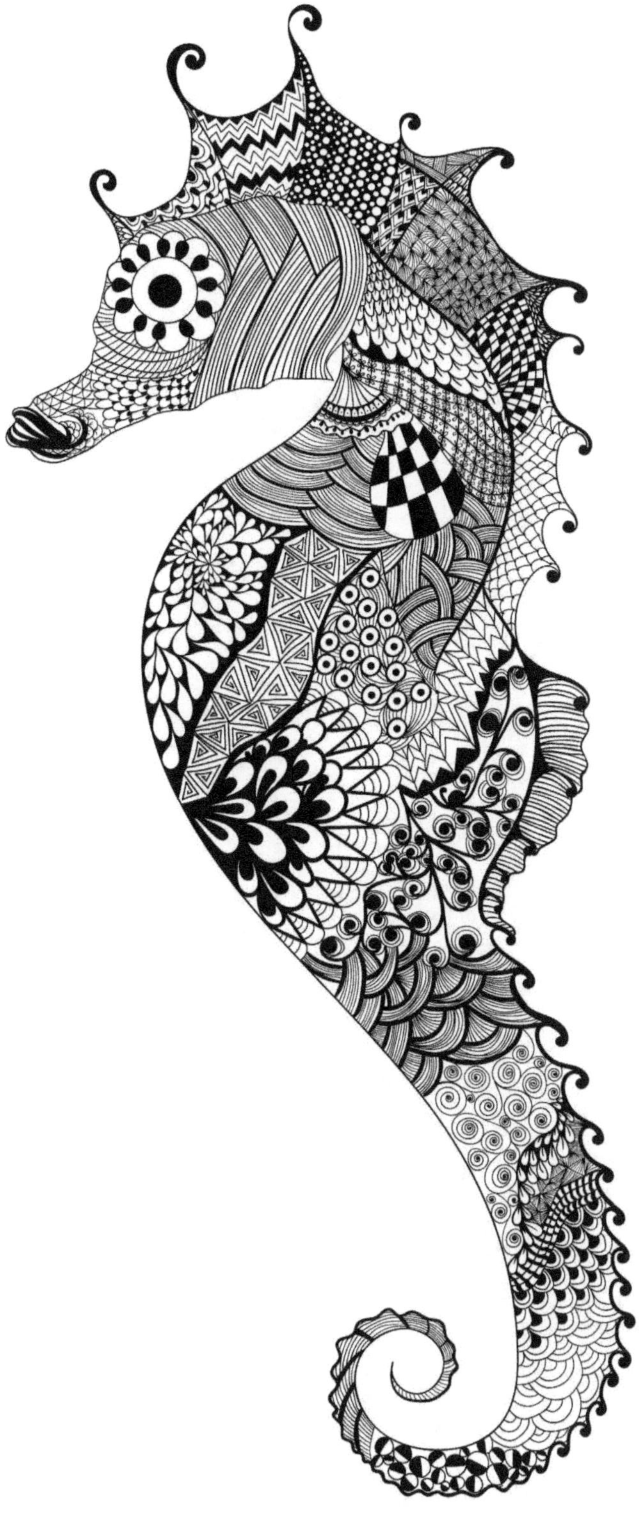

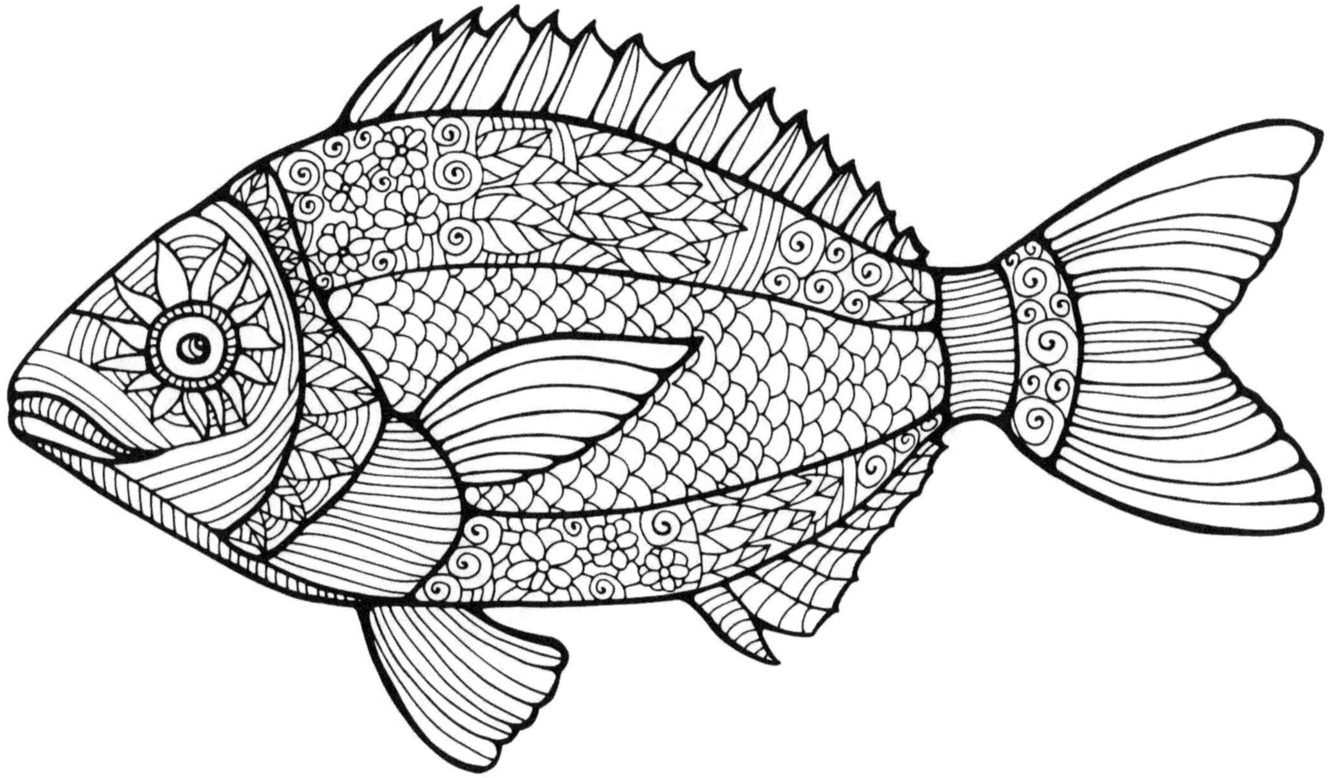

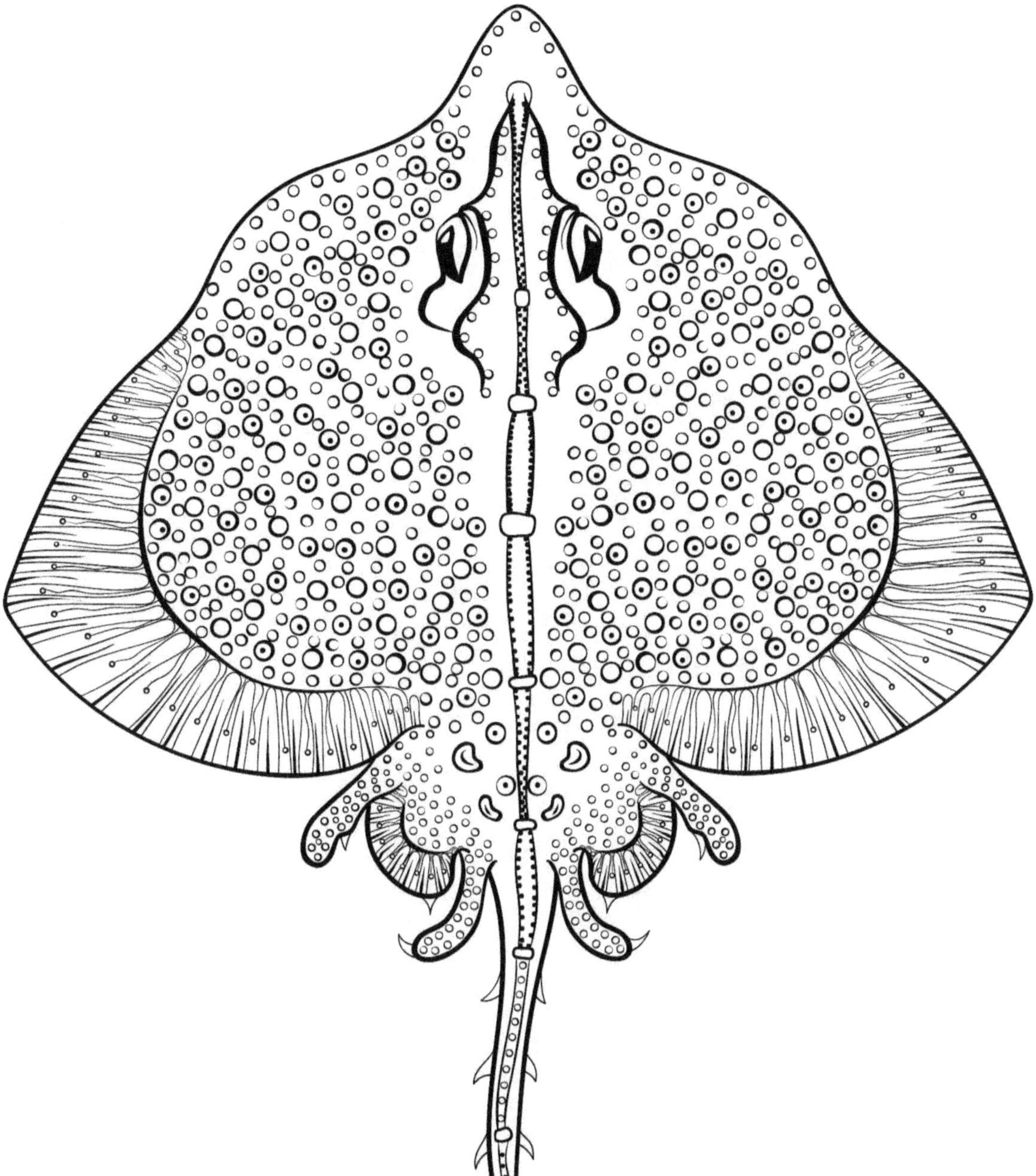

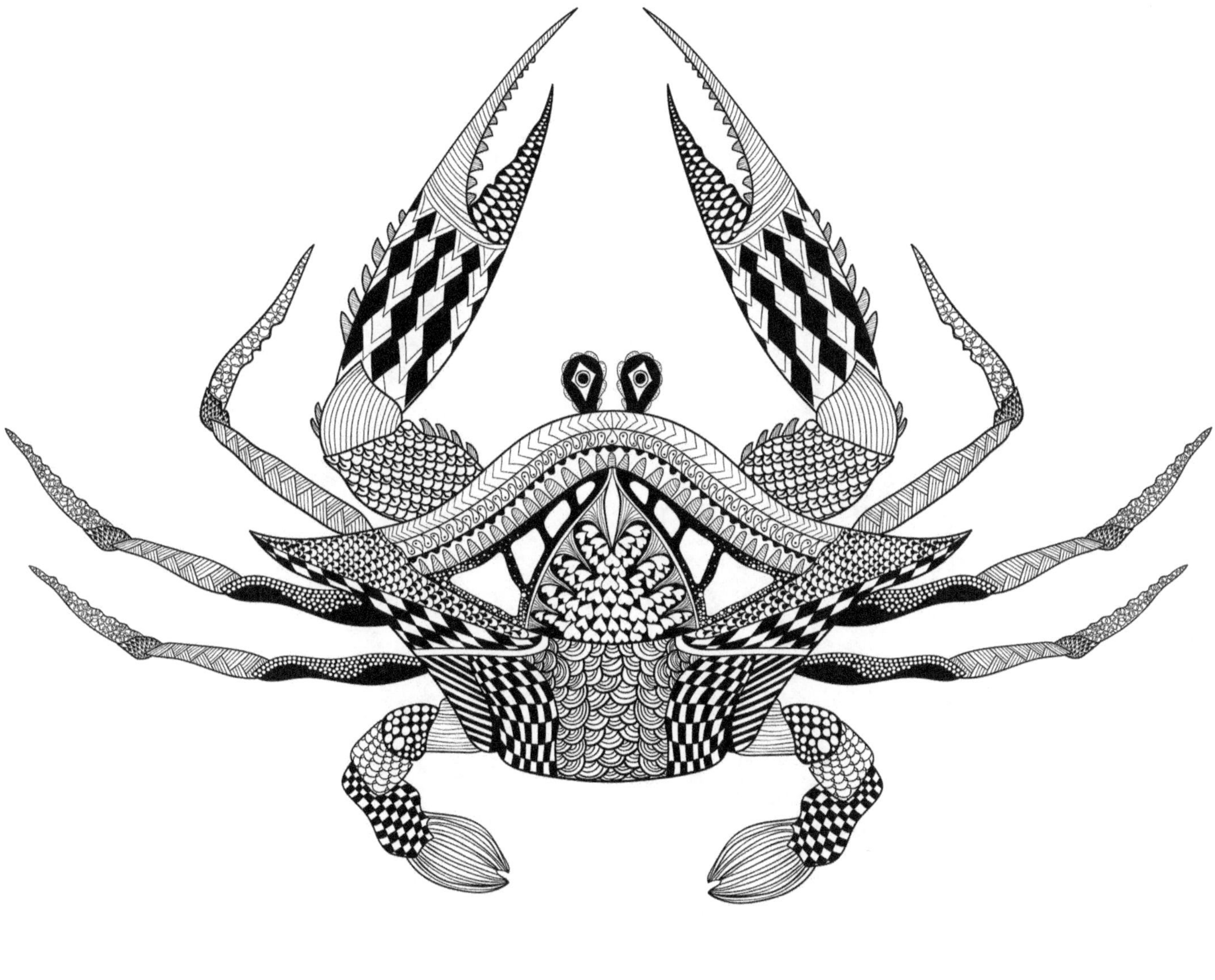

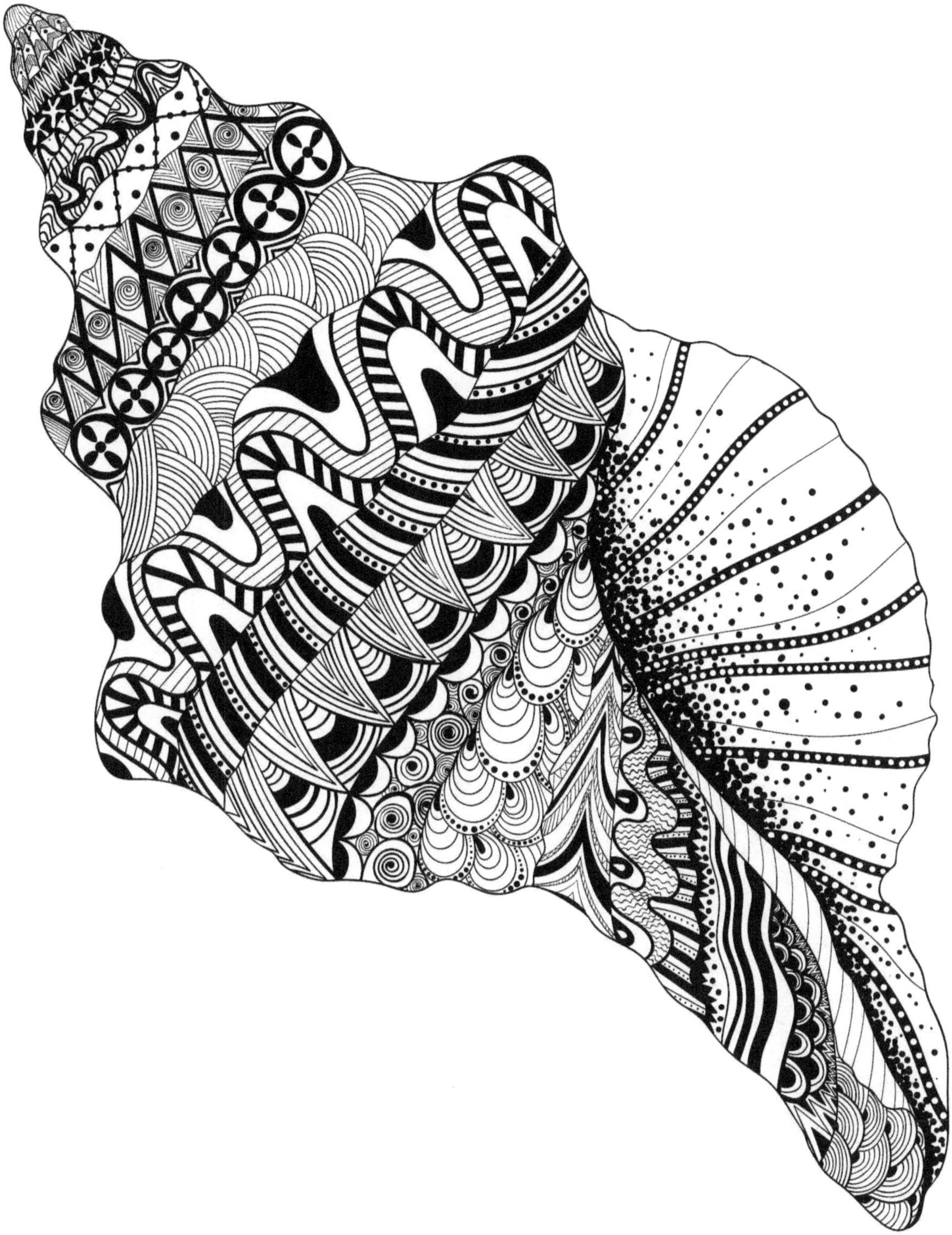

www.ingramcontent.com/pod-product-compliance
Lightning Source LLC
Chambersburg PA
CBHW081420080526
44589CB00016B/2615
* 9 7 8 1 7 7 3 8 0 0 3 1 8 *